SUPPLÉMENT

AUX OBSERVATIONS DE M. BERGASSE;

OU

Réglemens des Sociétés de l'Harmonie universelle, adoptés par la Société de L'HARMONIE DE FRANCE, dans l'Assemblée générale, tenue à Paris le 12 Mai 1785.

Avec des Notes pour servir à l'intelligence du Texte.

AVANT PROPOS.

Quelques-uns des Membres de la Société du Docteur Mesmer, qui ont lu les Obſervations que je viens de publier, en Réponſe à ſon Libelle, ont prétendu que la critique que j'y ai faite de ſes Réglemens porte à faux ; que je les ai mal lus & plus mal interprêtés.

Pour mettre le Public en état de juger entre ces Meſſieurs & moi, je me détermine à les faire imprimer avec des Notes qui, peut-être, prouveront qu'on m'accuſe à tort de n'avoir pas l'intelligence du Texte.

A Paris, le 20 Septembre 1785.

LETTRE

DE M. MESMER

aux Sociétés de l'Harmonie.

Messieurs,

En rendant une Société d'Hommes recommandables dépositaire de ma Découverte, j'ai choisi, *il est vrai*, son asyle le plus sûr ; mais, en vous associant à mes travaux, j'osai croire encore, que, persuadés par votre propre expérience de *l'utilité connue de la vérité* de la Doctrine du Magnétisme, vous-vous occuperiez un jour de la conserver sans tache, de la transmettre dans toute sa pureté, (1) d'en perfectionner l'instruction, de la développer avec poids & mesure, & d'en propager les pratiques utiles aux Hommes. *Tels ont toujours été mes vœux ; tels sont ceux que je lis dans vos esprits & dans vos cœurs.*

C'est dans cette vue que je vous présente un RÉGLEMENT, qui, en réunissant mes Élèves d'une manière uniforme sous le nom de SOCIÉTÉ DE L'HARMONIE, d'abord dans les différentes Villes du Royaume, peut-être un jour dans *celles des Dominations étrangères*, me semble devoir assurer & accélérer le grand ouvrage de leur union, par l'association plus particulière de leurs travaux (2).

L'action qu'exercent entr'eux les grands corps qui peuplent l'espace, a été reconnue ; ses résultats ont été même souvent calculés par les plus grands Génies.

L'influence qu'ont sur les animaux & sur les plantes

---

(1) Cette Doctrine est donc déjà tout ce qu'elle doit être, puisqu'il ne s'agit plus que de la transmettre dans toute sa pureté, & cependant on verra plus bas dans plusieurs articles, qu'elle est susceptible de perfection & même de changement.

(2) Le Docteur Mesmer parle ici comme un chef de Religion.

dans notre Globe les causes universelles du mouvement, est *non-seulement démontrée, mais se montre* encore évidemment la même.

En effet, tandis que le Soleil, en vertu de cette influence, ramène le mouvement (1) & la vie chez les animaux & dans les plantes, chacun de ces deux régnes a ses *espaces nocturnes*; leur circulation diminue peu-à-peu en Automne, &, avec les mêmes gradations, le retour du printems l'accélère. La Nature entière montre donc sans cesse dans le même principe l'Harmonie des mondes & la vie de tous les Etres, & l'Homme seul égaré par l'abus de sa raison, méconnoît encore cette vérité sublime.

C'est en donnant, MESSIEURS, à la Doctrine du MAGNÉTISME, tout le développement dont elle est susceptible que vous établirez d'une manière claire & précise ces rapports heureux, qui lient tout dans la Nature par un même principe; elle deviendra pour les Hommes *l'évangile de la Nature*; elle leur dira peut-être un jour, que nul ne peut blesser ses loix, sans nuire à sa conservation; alors elle leur montrera la vertu presque toujours suivie de la santé & du bonheur, & le vice se traînant douloureusement accablé sous le poids des maux & des remords (2).

Pour parcourir, avec succès, cette consolante carrière, vous avez non-seulement à présenter une vérité nouvelle; mais vous avez encore à combattre d'anciens préjugés, qui tendent sans cesse à la détruire; rappellez-vous, lors-

---

(1) Idée absolument fausse. Le Soleil ne ramène pas le mouvement; il l'entretient. D'ailleurs tout ce paragraphe n'est qu'une conséquence d'une théorie du sommeil, imaginée par le Docteur Mesmer, théorie de laquelle il résulte que toute action des Etres qui dorment sur les Etres environnans est interrompue, & que le sommeil est opéré par la perte ou la diminution du mouvement. L'expérience démontre au contraire que le mouvement existe d'une manière plus puissante & plus déterminée dans les Etres qui dorment, que dans les Etres qui veillent, & que l'action méchanique des êtres qui dorment sur les Etres qui les environnent, est singulièrement augmentée; ce n'est pas au reste une petite chose que de déterminer la théorie du mouvement pendant la veille & pendant le sommeil & d'en marquer la différence dans ces deux états.

(2) Idée prise d'un discours que j'ai prononcé dans le sein de la Société *sur les rapports des loix physiques & des loix morales dans le monde*, mais présentée ici sans énergie & sans précision, & par un homme qui sûrement n'en a pas senti la vérité.

que je vous annonçois avec la plus grande réserve (1) une partie des phénomènes qui m'avoient convaincu depuis long-temps de l'existence & de l'utilité d'un principe universel : rappellez-vous combien, sans votre propre expérience, vous m'auriez cru moi même égaré de la Nature, quand je vous conduisois dans son sein. Eh! combien de fois, peut-être, n'avez-vous pas été tentés d'assigner à ces phénomènes des causes qui ne sont elles-mêmes que des résultats de ce principe universel?

Ces réflexions vous convaincront, Messieurs, qu'en travaillant avec courage au dévelopement immense de la Doctrine du Magnétisme, en ramenant à ce principe toutes les sciences & les connoissances acquises, vous devez encore, pour le succès des vérités que vous aurez à enseigner, ne les annoncer aux Hommes, que successivement & après les avoir assez éclairés pour leur en faire connoître la véritable source dans la Nature.

C'est sur-tout par votre bienfaisance & votre humanité que vous inspirerez le désir de vous croire, & de se rapprocher d'une Doctrine dont l'expérience atteste l'utilité chaque jour.

Secourez donc l'homme souffrant par des procédés simples & faciles ; dégagez les de tout appareil imposant ; enseignez les avec la même simplicité à la mère tendre & sensible, vous ne l'étonnerez point ; *la Nature avant vous les grava dans son cœur* (2) ! Donnez au fils la jouissance de soulager & de prolonger la vieillesse des auteurs de ses jours ; &, puisque vous savez tout ce qu'un tendre intérêt peut ajouter à vos soins, dites-lui que, s'il est vertueux & sensible, il leur rendra la santé en les pressant contre son sein. Un regard paternel le pénétrera de cette vérité ; il la sentira ; il en jouira & vous l'aurez rendu meilleur, plus tendre & plus heureux.

---

(1) Jamais le Docteur Mesmer n'a annoncé avec réserve les phénomènes dont on le fait parler ici. Long-temps avant que la Société fut formée, il a montré dans le Traitement de ses Malades tout ce qu'il savoit faire, & depuis il n'a rien appris de neuf à cet égard à ses Élèves. Mais il falloit bien trouver quelque prétexte pour tenir sa Doctrine encore enveloppée des ombres du mystère.

(2) La Nature a gravé les procédés du Magnétisme dans le cœur des mères. Quel style !

C'est ainsi, MESSIEURS, qu'en ne préfentant à l'homme que des vérités qui parleront impérieufement à fon cœur, vous le préparerez, vous l'accoutumerez à recevoir avec confiance l'ordre & la chaîne des grandes connoiffances, que vous aurez long-temps étudiées & profondément méditées (1.

Je fuis avec un tendre & refpectueux attachement,

Meffieurs,

Votre très-humble & très-obéiffant ferviteur.

---

(1) Et ces *grandes connoiffances*, fe trouvent toutes confignées dans les *Aphorifmes* du fieur Quinquet. Cette lettre au refte n'eft qu'un pur galimathias, & j'oferois prefque affurer que le Docteur Mefmer l'a fignée fans la lire.

CHAPITRE PREMIER

De la formation & de l'organisation des Sociétés de l'Harmonie.

ARTICLE I.

Un certain nombre des Elèves instruits par M. MESMER, dans les différentes villes du Royaume, formeront dès aujourd'hui par leur réunion, & par leur adhésion au présent Réglement les différentes SOCIÉTÉS DE L'HARMONIE.

ART. II.

Chacune de ces Sociétés portera le nom de la Ville où elle sera fondée, excepté celle de Paris, qui prendra seule le titre DE SOCIÉTÉ DE L'HARMONIE DE FRANCE (1).

ART. III.

Chaque Elève de M. MESMER, devant être libre d'accepter, de refuser ou de renoncer à sa réunion (2) en Société, & étant essentiel cependant que chaque Société connoisse l'état de ses membres, il sera nécessaire que ceux qui adhèrent au présent Réglement, le signent dans l'espace d'un mois à dater du jour de l'adoption qui en aura été faite par la pluralité dans l'Assemblée convoquée à ce sujet; ceux qui se trouveront absens du lieu de l'Assemblée seront tenus d'envoyer leur consentement dans l'intervalle de deux mois.

ART. IV.

Ceux des Elèves qui n'auront pas rempli cette formalité, seront censés avoir renoncé au titre de MEMBRE

---

(1) Voilà un titre pompeux.
[2] On renonce à sa réunion; mais on n'accepte pas à sa réunion, on ne refuse pas à sa réunion.

desdites Sociétés de l'Harmonie, ils ne participeront en conséquence ni aux avantages (1) ni aux charges qui y seront attachés ; ils seront simplement comptés au nombre des Correspondans.

Art. V.

Les Eleves qui sont absens du Royaume, ne seront obligés de remplir la formalité prescrite par les Articles précédens, que deux mois après leur arrivée en France (2).

Art. VI.

Ceux des Eléves de Paris, qui désireroient en raison de leur domicile habituel, être de préférence Membres d'une des Sociétés de Province, pourront opter dans les délais prescrits par l'article III du présent Réglement.

Art. VII.

Les Membres de chaque Société seront fixés au nombre de cinquante, excepté la Société de France, qui sera porté à celui de cent.

Art. VIII.

Si quelques-unes des Sociétés se trouvoient plus nombreuses quant à présent, elles n'admettront plus de nouveaux Membres, jusqu'a ce qu'elles soient au-dessous du nombre fixé par l'article précédent.

Art. IX.

Les nouveaux Eléves reçus auront, après leur instru-

---

(1) Quels avantages ? à moins que ce ne soit un avantage d'être tourné en ridicule dans les papiers publics, une demi douzaine de fois par année ? Pourquoi employer des mots qui, dans la circonstance présente, n'ont aucun sens.

(2) Les Souverains, dans leurs Edits, ne s'expriment pas autrement ; il falloit éviter le ridicule.

&ction finie, le titre de Correspondans de la Société; & leur nombre sera fixé par la Délibération de chaque Société.

Art. X.

M. Mesmer aura le titre de Fondateur (1) et Président perpétuel de toutes les Sociétés de l'Harmonie, qui, dans tous les temps, donneront cette dénomination dans les actes, diplômes & permissions qui émaneront de leur administration.

Art. XI.

Le titre de Président perpétuel étant déféré à M. Mesmer, comme Fondateur de la Doctrine du Magnétisme, il ne sera jamais accordé, après lui, à aucun des membres des Sociétés de l'Harmonie.

Art. XII.

Il sera remis ou adressé à M. Mesmer, au moment des vacances, par le Secrétaire de chaque Société, l'état des variations (2), Extraits des mémoires & Délibérations importantes de l'année.

Art. XIII.

M. Mesmer se nommera un Représentant, ayant le titre de Vice-Président Général, sur la présentation de trois Sujets qui lui sera faite par la Société de France, dans son assemblée du mois de Janvier prochain,

---

(1) Pourquoi Fondateur ? Le Docteur Mesmer n'a fondé aucune société. Il a été reçu dans une société qui s'est formée pour recevoir sa découverte, & qui ensuite, sans vouloir former de nouveaux Corps politiques dans l'Etat, a engagé quelques personnes dans les Provinces & dans l'Etranger, à se former en société à son exemple.
(2) Qu'est-ce que cet *état des variations* ? Je n'entends pas cela ?

& à l'avenir, par l'Assemblée-générale dans laquelle ce Vice-Président sera renouvellé tous les CINQ ANS, sans qu'il puisse être continué (1).

Art. XIV.

La Société du Cap, la première créée dans les Colonies Françoises ayant déféré au Comte DE CHASTENET PUISÉGUR, son Fondateur le titre de VICE-PRÉSIDENT PERPETUEL des Sociétés qui s'établiront dans les Colonies-Françoises de l'Amérique; ce titre lui sera confirmé pour sa personne seulement, & sans qu'il puisse être remplacé dans l'avenir (2).

Art. XV.

Chaque Société procédera incessamment à l'élection de QUATRE SYNDICS, UN TRÉSORIER, DEUX SECRÉTAIRES; cette élection sera renouvellée dans l'Assemblée du mois de Janvier de chaque année, en se conformant scrupuleusement aux formes qui seront prescrites pour les élections.

Art. XVI.

Les SECRÉTAIRES pourront seuls être prorogés dans leurs places pendant TROIS ANS, à raison de l'importance de leurs fonctions, & de l'instruction préalable qu'elles exigent.

---

(1) Ici le ridicule est à son comble. Le monde est le domaine du Docteur Mesmer. Chaque Royaume lui présentera trois sujets parmi lesquels il voudra bien en choisir un pour le représenter. Eh ! qu'est-il besoin que le Docteur Mesmer soit ici bas représenté ?

(2) Il est certain que si, à la mort de M. le Comte de Chastenet, son titre de Vice-Président venoit à être perpétué, il pourroit en résulter une révolution dangereuse en Amérique.

Au reste, les présens Réglemens ont été rédigés à l'insçu de M. le Comte de Chastenet, qui ne les connoit pas encore, & il lui paroîtra sûrement très-étrange qu'on se soit permis de faire imprimer son nom en gros caractères dans un texte aussi impertinent que celui que je commente. M. le Comte de Chastenet, distingué dans son Corps par son mérite & par ses services, s'est occupé du Magnétisme comme on s'occupe d'électricité sans prétention & sans enthousiasme. Il a voulu voir & connoître, parcequ'il est d'un homme raisonnable de chercher à voir & à connoître, mais il n'a pas voulu jouer de rôle; & il n'est pas honnête d'entreprendre de lui en faire jouer un sans son aveu.

Art. XVII.

Les quatre Syndics, le Thrésorier, & les deux Secrétaires formeront désormais le Comité permanent pour, dans l'intervalle des Assemblées, prononcer, s'il y avoit lieu, sur tous les objets pressans qui pourroient intéresser la Société; mais toujours PROVISOIREMENT, & sous la réserve expresse d'en faire le rapport à la première Assemblée qui, dans tous les cas, devra seule prononcer DÉFINITIVEMENT.

Art. XVIII.

Chacun des quatre Syndics aura TROIS MOIS D'EXERCICE, dont ils fixeront l'époque par la voie du sort immédiatement après leur élection, afin que l'état en soit connu & affiché au Secrétariat.

Art. XIX.

Le Syndic en exercice, ou Président, sera particulièrement chargé de convoquer les Assemblées extraordinaires selon les circonstances, de déterminer les objets qu'on doit y traiter, d'y maintenir l'ordre & la décence, & de faire exécuter en toute occasion les dispositions du présent réglement. Les trhésoriers & les Secrétaires lui rendront compte, en conséquence, de leur administration & se conformeront à ses vues.

Art. XX.

Les fonctions du Thrésorier seront de recevoir de chaque Membre de la Société, la contribution personnelle, telle qu'elle aura été fixée dans la première Assemblée; de faire la recherche & le choix d'un appartement commode pour les Assemblées de la Société; d'ACQUITER les Frais du Secrétariat, & tous autres objets de dépense qui auront été approuvés par la Société, & dont il aura attention de rendre compte à chaque Assemblée. Un état sommaire signé de lui, par RECETTE & DÉPENSE avec les pièces à l'appui, présentera, à la fin de chaque année, le résultat de son administration, & cet état sera ainsi déposé au Secrétariat de la Société.

Art. XXI.

Les fonctions des SECRETAIRES seront de recevoir les lettres, rapports & observations des Sociétés & des correspondans; de rechercher & réunir les ouvrages de toute nature qui pourroient intéresser LA DOCTRINE DU MAGNETISME ANIMAL, ses effets & ses progrès; d'en faire le rapport aux Assemblées, de correspondre en conséquence des délibérations de la Société, & d'enregistrer ses délibérations. Ils écriront toujours au nom de la Société dont ils seront Secrétaires, & ils auront l'attention d'en ajouter le titre à leur signature. Il sera arrêté chaque mois un état des frais de correspondance, appointemens du Commis qui sera immédiatement à leurs ordres &c. signé par l'un d'eux, & remis au Thrésorier qui sera chargé de l'acquitter (1).

Art. XXII.

Les Assemblées ordinaires de la SOCIÉTÉ DE L'HARMONIE DE FRANCE auront régulièrement lieu UNE FOIS PAR MOIS depuis le 1 Novembre jusqu'au 1 de Juin; elles seront suspendues les cinq autres mois de l'année. Cet article laissant aux Sociétés de province à fixer les SEPT MOIS les plus convenables pour leurs Assemblées.

Art. XXIII.

Le jour & l'heure de ces Assemblées seront fixés dans la premiere assemblée de chaque année, & le journal en sera toujours affiché au Secrétariat, afin qu'aucun des membres ne puisse être censé l'avoir ignoré, & l'Assemblée sera en conséquence toujours réputée complette.

Art. XXIV.

Le jour de la rentrée de chaque Société sera fixé dans

---

(1) Voilà un grand état de Maison.

la derniere Assemblée de chaque année pour l'année suivante. Le COMITÉ subsistera toute l'année, même pendant les VACANCES ; mais il ne pourra être pris par lui aucune délibération définitive au nom de la Société.

ART. XXV.

LE SYNDIC EN EXERCICE sera autorisé, pendant les sept mois seulement des Assemblées de la Société, à en convoquer d'extraordinaires, toutes les fois qu'il le croira nécessaire, en ayant attention de les convoquer, QUINZE JOURS D'AVANCE, par des invitations générales & uniformes, dans lesquelles il sera fait mention de l'objet de l'Assemblée.

ART. XXVI.

Toute élection, délibération, réception se feront par la voie du scrutin, a fin de conserver toujours la liberté & l'égalité dans les avis (1) de chacun des membres de la Société. On aura à cet effet dans chaque Société UN SCRUTIN au Secrétariat, & l'un des Sécrétaires sera chargé de recevoir & de compter les boules.

ART. XXVII.

Pour procéder à l'ELECTION des OFFICIERS de la Société, qui se fera dans le mois de Janvier de chaque année, chacun des membres aura l'attention d'apporter sa nomination par écrit ; elles seront de même successivement reçues dans l'Assemblée par l'un des Secrétaires ; il comptera les suffrages, nommera celui qui en réunit un plus grand nombre, & brûlera aussitôt dans l'Assemblée les nominations particulières qui lui auront été remises.

ART. XXVIII.

Le choix des MEMBRES de la Société sera toujours fait

---

(1) Qu'est-ce qu'une *égalité dans les avis*.

parmi les CORRESPONDANS, une feule fois dans l'année, dans l'Aſſemblée du mois de Janvier.

Art. XXIX.

Les perſonnes qui déſireront être admiſes au nombre des éléves, ſeront propoſés à chaque Société par ſon Syndic en exercice, qui s'aſſurera préalablement de leurs bonnes mœurs, de la pureté de leurs vues, & qu'ils ont atteint L'AGE DE VINGT-CINQ ANS.

Art. XXX.

Le choix & l'admiſſion en ſeront faits par la Société dans la même Aſſemblée du mois de Janvier, parmi les ſujets propoſés, SANS AUCUNE ESPECE DE FRAIS NI DE RÉTRIBUTION (1).

Art. XXXI.

Les perſonnes admiſes au nombre des éléves feront inſtruites enſemble ou ſéparément dans les élémens, conformément à ce qui eſt preſcrit par l'article 4 du chapitre premier du préſent Réglement, par des PROFESSEURS qui en ſeront ſpécialement chargés par la Société, après leur avoir fait ſouſcrire préalablement envers elle les ENGAGEMENS conformes au modele joint au préſent Réglement (2).

Art. XXXII.

Le brevet de CORRESPONDANT ne ſera expédié aux perſonnes admiſes, que ſur le certificat qui leur ſera donné

---

(1) On a mis ces mots: *ſans aucune eſpéce de frais ni de rétribution* en gros caractères, pour faire ſentir que le Comité avoit eu tort de dire que le Docteur Meſmer, égaré par de mauvais conſeils, avoit voulu continuer à exiger en France de l'argent de ſes Eléves. On ſait maintenant à quoi s'en tenir.

(2) Les engagemens dont il s'agit ici concernent le ſecret qu'il faut garder ſur la doctrine.

par leur PROFESSEUR, & qui attestera qu'elles sont parfaitement instruites dans les élémens de la DOCTRINE DU MAGNETISME ANIMAL (1).

ART. XXXIII.

Comme il est essentiel à chaque Société de connoître toujours exactement l'ÉTAT DE SES MEMBRES, afin de procéder aux élections lorsqu'un des membres aura été absent pendant TROIS assemblées ordinaires consécutives sans en avoir prévenu ; l'un des Secrétaires lui écrira pour connoître définitivement ses intentions.

---

(1) Ainsi, si, par hazard, M. le Comte de Buffon, ou M. le Baron de Marivetz se présentoient pour être admis dans la société du Docteur Mesmer, ils n'obtiendroient le brevet de Correspondant que sur un certificat du P. Hervier, Professeur du Magnétisme. *Risum teneatis amici.*

Au reste il y a une chose très-remarquable dans ces Réglemens ; c'est qu'on ne voit pas ce que s'y propose le Docteur Mesmer : on ne sait pas trop s'il veut établir des Universités, des Académies, ou même une Eglise nouvelle. Toutes ces choses, cependant, ne se ressemblent guère.

CHAPITRE SECOND.

Des devoirs que la Nature impose aux Sociétés de l'Harmonie & à chacun de leurs Membres.

ARTICLE I.

PEU de découvertes sont plus susceptibles de donner naissance à l'erreur, que la DOCTRINE DU MAGNETISME ANIMAL, par la nature & la nouveauté des phénomènes qu'elle présente ; le premier devoir de toute Société sera donc de veiller constamment à la conservation de sa pureté (1).

ART. II.

Il sera fait, dans cette vue, pendant le mois de Janvier de chaque année, POUR LES MEMBRES DE LA SOCIÉTÉ SEULEMENT (2) un cours élémentaire auquel on joindra les branches des connoissances acquises qui auront été ramenées à ce principe universel.

ART. III.

Les Sociétés maintiendront encore la pureté de la Doctrine, en empêchant qu'on ne lui associe aucun résultat nouveau, avant que d'en avoir reconnu la vérité & murement pesé les conséquences (3).

ART. IV.

M. MESMER déposera, dans la même vue, dans les ar-

---

(1) *La pureté de la Doctrine du Magnétisme! Mais!* qui peut donc m'assurer que cette Doctrine est pure ?

(2) Pourquoi, *pour les Membres de la Société seulement ?* Vous voyez toujours ici l'intention de rendre la Doctrine secrette.

(3) Et le Docteur Mesmer se plaint du despotisme des Académies!

chives de chaque Société, LES CAHIERS de ses principes, *tels qu'il peut les présenter dans ce moment* (1), ainsi que les SUPPLÉMENS qu'il se propose d'y joindre; ils seront signés de lui; ce dépôt constatera dans tous les temps sa véritable Doctrine, & fixera d'une manière déterminée l'instruction des correspondans de chaque Société.

ART. V.

Les Sociétés s'occuperont de la perfection de la Doctrine dans toutes les parties de la théorie & de la pratique qui en seront susceptibles (2).

ART. VI.

Elles exigeront à cet effet de chacun de leurs Membres, l'observation & l'étude la plus réfléchie ; elles les inviteront à la communication la plus habituelle entre eux, & au zèle le plus soutenu.

ART. VII.

Chaque Membre travaillera, en raison de ses connoissances & de ses observations, à ramener à ce principe quelques branches des vérités physiques ou morales ; ils associeront souvent entre eux pour y parvenir, & leurs génies & leurs travaux.

ART. VIII.

Les observations & les mémoires écrits dans cette vue,

____
(1) Pourquoi *tels qu'il peut les présenter dans ce moment* ? & pourquoi des *Supplémens* ? Ces cahiers sont donc susceptibles de perfection, & cependant la Doctrine est pure, & il ne s'agit plus que de la garantir de l'erreur.

(2) Que signifient ces mots vagues *qui en seront susceptibles* ? Il y a donc dans la Doctrine du Docteur Mesmer des parties qui sont parfaites, des articles de foi & d'autres parties qui sont imparfaites, & sur lesquelles la liberté de conscience est accordée. Mais ces parties imparfaites contiennent ou des erreurs ou des vérités ; il n'y a pas de milieu. Si elles contiennent des erreurs, la Doctrine n'est donc pas pure. Si elles contiennent des vérités, pourquoi tout n'est-il pas déjà réduit à en articles de foi ?

seront lus par leurs Auteurs, après qu'ils auront été communiqués au Syndic en exercice dans les assemblées ordinaires de la Société, dans l'ordre qui sera déterminé en raison de leur présentation.

Art. IX.

Il en sera toujours déposé un exemplaire au Secrétariat de la Société.

Art. X.

Pour préparer les esprits à la révolution & aux vérités nouvelles que la découverte du MAGNETISME ANIMAL amènera dans les sciences & les connoissances acquises, & opérer le plus grand développement de la Doctrine, il sera nécessaire de publier successivement des ouvrages qui tendront à détruire les préjugés qu'a fait naître l'ignorance de ce principe. (1).

Art. XI.

Ces ouvrages imprimés avec le suffrage de la Société porteront la devise A L'HUMANITÉ & le NOM de leur AUTEUR dont il sera fait une mention honorable sur les registres de la Société, en raison de l'importance de l'objet qu'il aura traité.

Art. XII.

Aucun des Membres de la Société ne pourra prendre cette devise A L'HUMANITÉ, à la tête d'un ouvrage qui n'auroit pas L'APPROBATION de la Société, ni même y prendre le titre de MEMBRE de ladite Société.

Art. XIII.

Toutes les Sociétés veilleront scrupuleusement à l'exécu-

---

(1) Remarquez ici, & remarquez bien que le Docteur Mesmer ne dit pas qu'il sera permis d'écrire pour révéler la théorie & la pratique du Magnétisme, mais seulement pour détruire le préjugé qu'a fait naître l'ignorance du principe qui constitue le Magnétisme.

tion de l'article précédent, comme le seul moyen d'empêcher que l'erreur ne vienne jamais obscurcir la DOCTRINE DU MAGNETISME ANIMAL, & nuire à son dévelopement (1).

ART. XIV.

Si la propagation de la pratique du MAGNETISME ANIMAL est un des devoirs les plus consolans qu'ayent à remplir les SOCIÉTÉS DE L'HARMONIE, elle sera aussi le plus intéressant pour le succès de la Doctrine : les Sociétés doivent s'en occuper avec l'attention & l'intérêt *les plus suivis*.

ART. XV.

Cette instruction doit regarder plus particulièrement les Curés, les Chirurgiens des campagnes, les mères de famille &c (2). On doit instruire avec la plus grande sagesse, & ne jamais annoncer ni promettre des résultats qui pourroient être une seule fois démentis dans la pratique ; l'espoir trompé détruit la confiance & ne fait naître que le doute & l'incrédulité.

ART. XVI.

C'est en suivant scrupuleusement ces principes que les SOCIÉTÉS jouiront un jour du bien qu'elles auront procuré, en trouvant les esprits & le cœur également disposés à recevoir les vérités qu'elles croiront devoir enseigner aux hommes pour leur félicité.

---

(1) Il y a donc, dès ce moment, une Doctrine infaillible du Magnétisme, & cependant, vous venez de voir que la Doctrine du Magnétisme peut être perfectionnée. Accordez ces propositions ensemble, si vous le pouvez.

(2) J'ai eu beaucoup de peine à obtenir que les mères de famille fussent instruites dans la Doctrine du Magnétisme, dans une assemblée de la Société tenue au mois de Juillet 1784. Un Médecin imbécile, quoique jouissant de quelque réputation (ce qui n'est pas incompatible à Paris) m'a dénoncé comme ayant *manqué au Sacerdoce médical*, pour avoir révélé la Doctrine magnétique à trois Dames du plus haut rang. Il y eut des voix pour m'excommunier.

CHAPITRE TROISIEME.

Des droits & des pouvoirs accordés aux Sociétés de l'Harmonie, & de leurs rapports entre-elles

ARTICLE I.

Les Sociétés dépositaires de la DOCTRINE DU MAGNETISME ANIMAL seront seules juges des personnes qu'elles doivent recevoir au nombre de leurs ELEVES, CORRESPONDANS OU MEMBRES ; mais le choix des CORRESPONDANS sera toujours fait parmi les ÉLEVES & celui des MEMBRES parmi celui des CORRESPONDANS.

ART. II.

Tout Membre d'une des SOCIÉTÉS DE L'HARMONIE aura le droit de transmettre LES PROCÉDÉS & d'enseigner la PRATIQUE DU MAGNETISME ANIMAL, aux personnes DOMICILIÉES EN FRANCE, toutes les fois qu'il y reconnoîtra un objet d'utilité. On s'en rapporte absolument à sa prudence à cet égard (1).

ART. III.

Tout MEMBRE d'une Société y aura également droit de séance & voix délibérative dans toutes les assemblées

---

(1) Pourquoi les procédés & la pratique seulement ? pourquoi, si l'on a une bonne théorie, ne pas mettre tout le monde dans le cas d'éclairer les procédés & la Pratique par cette théorie ? De plus, on ne peut instruire que des Régnicoles. Cependant l'espèce humaine ailleurs, est souffrante & malade tout comme chez nous ; & convient-il de faire dépendre le soulagement de ses maux des voyages que le Docteur Mesmer, ou les Apôtres qu'il consacrera pour les missions étrangères, jugeront à propos de faire hors du Royaume.

ordinaires & extraordinaires ; il aura celui de communication des mémoires, ouvrages & regiſtres dépoſés au Secrétariat ; mais il ne pourra en déplacer rien.

Art. IV.

A fin de donner aux Sociétés la forme d'adminiſtration la moins compliquée, & ſur-tout en rendre *l'impoſition d'obligation* la moins forte poſſible, les traitemens de bienfaiſance qu'elles pourroient établir ne ſeront que le réſultat de la contribution LIBRE ET VOLONTAIRE de ceux des MEMBRES qui voudront y concourir, & ils ſont tous autoriſés à avoir des traitemens enſemble ou ſéparément pour leurs obſervations & le bien de l'humanité ; LES GENS DE L'ART ſeront LES SEULS qui pourront en avoir de LUCRATIFS.

Art. V.

Les ELEVES admis dans la claſſe des CORRESPONDANS, n'auront aucune eſpéce de droit de ſéance aux aſſemblées de la Société ; ils ſeront ſeulement autoriſés à traiter des malades d'une manière iſolée (1), à moins qu'ils n'ayent obtenu des Sociétés dont ils ſeront correſpondans, une permiſſion qui ſera ſignée de leurs Officiers d'avoir des traitemens publics pour le ſoulagement de l'humanité.

Art. VI.

Ils ſeront invités à s'éclairer par leur propre expérience en ſuivant aſſiduement les traitemens qu'auront établis les MEMBRES des Sociétés, à communiquer aux SOCIÉTÉS les mémoires, obſervations qu'ils auroient pu faire pour l'avantage de la Doctrine ; c'eſt ainſi qu'ils acquerront des

---

(1) Pourquoi autoriſés à ne traiter les malades que d'une manière iſolée. Le Docteur Meſmer ſait très-bien que cette manière de traiter eſt foible, & que dans les maux chroniques, ſur-tout, elle produit rarement un effet déciſif.

droits réels à être élus MEMBRES DES SOCIÉTÉS DE L'HAR-
MONIE.

ART. VII.

LA SOCIÉTÉ DE L'HARMONIE DE FRANCE aura seule le droit de fonder de nouvelles Sociétés dans les provinces du Royaume, pour l'utilité & le dévelopement de la Doctrine, en les soumetant scrupuleusement aux réglemens-généraux ; mais ces établissemens continueront à être faits sans frais.

ART. VIII.

LA SOCIÉTÉ établie au CAP FRANÇOIS à raison de sa position, & comme la première fondée dans les Colonies aura également, & aux mêmes conditions, le droit d'établir de nouvelles Sociétés aux Colonies Françoises de l'Amérique.

ART. IX.

LA SOCIÉTÉ DE FRANCE n'aura aucune autorité sur les SOCIÉTÉS établies dans les provinces.

ART. X.

Toutes les SOCIÉTÉS établiront entre elles par leurs Secrétaires, la communication la plus habituelle, & la confiance la plus intime ; elles conserveront précieusement l'union qui doit caractériser les SOCIÉTÉS DE L'HARMONIE.

ART. XI.

Toutes les SOCIÉTÉS étant sœurs, chaque Membre d'une Société aura droit de séance dans les assemblées de celles établies dans les Villes où il se trouvera, après s'être préalablement présenté au Syndic en exercice ; mais il n'aura point de voix dans les délibérations.

ART. XII.

Les pouvoirs & les droits des SOCIÉTÉS DE L'HAR-

MONIE & de leurs MEMBRES ne s'étendront point au-delà de la France & de ses Colonies ; elles ne pourront fous aucun prétexte admettre au nombre de leurs MEMBRES OU CORRESPONDANS, ni même initier dans la pratique du MAGNÉTISME ANIMAL, des personnes ETRANGÈRES ET NON-DOMICILIÉES EN FRANCE (1) ; & les Sociétés s'interdisent toute PUBLICATION de la THÉORIE ÉCRITE de M. MESMER, sans un consentement SIGNÉ DE LUI (2).

---

(1) Voilà encore *les Etrangers exceptés*; & la Société prend pour devise : *A l'Humanité*.

(2) Il n'est pas permis de publier la théorie écrite du Docteur Mesmer. Ne concluez pas de-là, qu'il est permis d'ailleurs, de révéler sa Doctrine par toute autre voie. Vous voyez bien, par l'ensemble de ses Réglemens, par l'exclusion donnée aux Etrangers, par la défense d'instruire, autrement que dans les procédés, les personnes qui ne seront pas Membres des différentes Sociétés, par les engagemens qu'on fait souscrire à tous ceux auxquels on révèle la théorie, qu'on ne veut pas que la Doctrine du Magnétisme soit publique ; & cependant, si je ne me trompe, une telle Doctrine ne peut se soutenir & devenir vraiment avantageuse à l'humanité, qu'autant qu'elle sera domestique.

Au reste, je ferai imprimer, dans peu, la théorie écrite du Docteur Mesmer, telle qu'il l'a déposée dans les archives de sa Société, le premier Juillet de la présente année 1785, avec des notes où je dirai pourquoi je n'adopte pas la plupart des principes qui la constituent. On sent que je dois prendre toutes mes précautions avec les honnêtes gens qu'il me faut combattre, & qu'au moyen de leurs cahiers & de leurs supplémens mystérieux, si je n'établissois avant tout la différence qui existe entre leur manière de voir & la mienne, je ne pourrois désormais présenter au Public aucune idée, qu'ils n'essayassent de faire envisager comme leur ayant été dérobée.

Mais, vous qui lisez ceci, que pensez-vous de cette association de geais sans plumes, qui méditent de dépouiller tout vivans les pauvres oiseaux qui approcheront avec trop de confiance de leurs retraites ? Et si vous aviez été condamnés comme moi par la bizarrerie des circonstances, à vivre pendant près de deux années parmi cette espèce criarde ; si vous les aviez vus courir après les paons, & même après les oies, pour se vêtir, tant ils étoient nus, &, sur-tout, si vous 'es aviez entendu chanter : car ils chantent à ce qu'ils disent : .... Oh ! combien j'étois à plaindre..... & l'on s'étonne, après cela, que les nobles oiseaux qui s'étoient imprudemment mêlés à leurs jeux, se soient enfuis fatigués de leur mélodie, & à demi dépouillés, vers des lieux plus tranquilles.

CHAPITRE QUATRIEME.

De l'Assemblée générale des SOCIÉTÉS DE L'HARMONIE, *établie en France, de sa convocation, & de ce qui constituera dans l'avenir la Société universelle.*

ARTICLE I.

Il y aura, tous les cinq ans, une Assemblée-générale de toutes les SOCIÉTÉS DE L'HARMONIE DE FRANCE (1); cette Assemblée se tiendra à PARIS; elle sera composée d'un DÉPUTÉ & d'un SECRÉTAIRE de chaque Société particulière; elle sera présidée par M. MESMER ou par son VICE-PRÉSIDENT. La première de ces Assemblées sera convoquée pour le courant de Février 1790, par M. MESMER ou son VICE-PRÉSIDENT, qui en déterminera l'ouverture un AN D'AVANCE, par une invitation générale à toutes les SOCIÉTÉS. Le jour de l'ouverture des autres Assemblées sera déterminé dans celles qui les précéderont.

ART. II.

L'objet principal de ces Assemblées représentant la SOCIÉTÉ GÉNÉRALE DE FRANCE, sera d'agiter, de délibérer, d'arrêter définitivement les changemens qui seroient reconnus utiles & nécessaires dans le régime des Sociétés, ou dans quelques parties de la DOCTRINE (2), & de

---

(1) Il s'agit de sçavoir si on le trouvera bon. On ne peut pas trouver mauvais que des particuliers s'assemblent dans les différentes Villes du Royaume, pour s'occuper d'Electricité, de Magnétisme, de questions & d'expériences de Physique; mais, que des particuliers se donnent une existence politique en professant une doctrine secrette, ceci n'est pas tout-à-fait la même chose. Voilà un des articles qui a déterminé M. d'Eprémesnil, comme Magistrat, à rejetter les Réglemens.

(2) Encore des changemens possibles dans une Doctrine qu'on a dit plus haut être très-pure.

procéder à l'élection du nouveau Vice-Président Général.

Art. III.

Les délibérations qui feront prises dans ces Assemblées, le feront toujours par la voie du scrutin, à la pluralité des suffrages, sans aucune prééminence ni acception de personne.

Art. IV.

L'uniformité d'opinions étant un des grands caractères de la vérité (1), & cette uniformité ne devant être que le résultat de la conviction générale, cette Assemblée apportera dans ses délibérations toute l'attention & tout le développement dont elles feront susceptibles; ces délibérations feront ainsi rapportées par leurs Députés aux Sociétés particulières avec l'invitation de s'y conformer sans délai (2).

Art. V.

Tous changemens définitifs dans le régime des Sociétés, ou dans quelques parties de la Doctrine ne pourront être que le résultat des délibérations prises & arrêtées dans cette Assemblée générale.

Art. VI.

Si cependant dans l'intervalle de ces Assemblées, il arrivoit qu'une Société particulière fût persuadée avoir reconnu un changement utile pour l'humanité dans quelques parties, elle fera autorisée, après l'avoir mise en délibération, à en faire part à M. Mesmer (3); s'il y donne son aveu, ce changement fera adopté provisoirement, en

---

(1) Quel est le fot qui a pu écrire cela ?

(2) Et, s'il se trouvoit dans ces Sociétés particulières un homme qui eût raison contre le Genre-humain, comme il est arrivé par fois à Bacon, à Galilée, à Descartes, à Newton, & qui ne jugeât pas à propos d'adopter l'avis du plus grand nombre, qu'en feroit-on ?

(3) Excellent moyen pour s'approprier les idées des autres; & voilà pourquoi on se réserve le droit de faire des Supplémens.

en faisant part à toutes les Sociétés, avec invitation de s'y conformer aussi provisoirement.

Art. VII.

Si l'avis de M. Mesmer ne répond point à la délibération de la Société, elle pésera avec la plus grande réflexion les motifs de l'opinion de M. Mesmer ; elle s'assurera avec la plus scrupuleuse observation si elle n'est point dans l'erreur ; si elle persiste a croire son opinion fondée, après avoir fait part à M. Mesmer de ses motifs, elle s'y conformera toujours provisoirement ; mais sans qu'elle puisse faire aucune invitation à cet égard aux autres Sociétés, jusqu'à la délibération de L'ASSEMBLÉE GÉNÉRALE.

Art. VIII.

Cette assemblée générale nommera aussi dans la suite, lorsque les SOCIÉTÉS DE L'HARMONIE seront fondées par M. Mesmer *dans les différens Royaumes ou États*, DEUX DEPUTES, qui avec le VICE-PRESIDENT, formeront les assemblées de la Société universelle présidée par le FONDATEUR pendant sa vie, & après lui tour à tour par le VICE-PRESIDENT de chaque assemblée-générale. (1).

Art. IX & DERNIER.

L'un des Sécrétaires de chaque Société fera tous les ans à l'ouverture de la première assemblée lecture des PRESENS RÉGLEMENS. L'un des Syndics présentera dans un discours les avantages qui sont résultés des observations de l'année ; c'est en mettant ainsi annuellement sous les yeux des SOCIETES DE L'HARMONIE, l'avantage qui naît de l'union & de l'association de leurs travaux, qu'on inspirera à tous les

---

(1) Voilà le Docteur Mesmer qui étend les progrès de sa Religion, & nous touchons ici au Concile de Nicée.

Membres qui les composent, le zèle & le courage nécessaires au triomphe de la vérité.

ADDITION.

Les présens Réglemens auront leur pleine & entière exécution du jour ou ils auront été signés d'une part par M. Mesmer, & d'autre part par chacun des Membres de l'Assemblée qui y adhéreront; ils deviendront à cette époque la règle fondamentale de la Société, qui jouira dès lors, irrévocablement de tous les droits qui lui auront été transmis par M. Mesmer (1).

---

(1) J'aurois encore bien des observations à faire sur le texte de ces Réglemens, sur la manière, par exemple, louche, vague & quelquefois emphatique dont ils sont rédigés, sur les remarques puériles qui s'y trouvent ; mais je n'aime pas à commenter long-temps des sotises ; & l'on sent que je dois me reprocher les momens que je perds dans une discussion si peu intéressante pour moi.

Note générale.

Et c'est pour n'avoir pas voulu approuver de tels Réglemens, qu'on a diffamé les hommes honnêtes à la prudence & à la fermeté desquels le Docteur Mesmer devoit sa fortune, sa gloire & le succès de sa découverte. Il faut être juste. Ce n'est pas le Docteur Mesmer qui a combiné ces Réglemens. Outre le génie que suppose en lui la découverte du Magnétisme, le Docteur Mesmer a de la sagacité Mais, lorsqu'une fois il est égaré par l'impétuosité ou la foiblesse de son caractère, & qu'une passion quelconque le domine, il est très-possible de lui faire franchir toutes les bornes de la prudence, & de le conduire dans des routes qu'il s'étonne après d'avoir parcourues. Les hommes qu'il faut sur-tout blâmer dans cette affaire, sont les personnages que j'ai crayonnés dans mon Mémoire. Sans eux le Docteur Mesmer, *connu seulement par les dehors honorables dont je l'avois environné*, jouiroit encore de toute sa réputation, & n'auroit rien fait qui pût en affoiblir l'éclat.

Au reste vous avez vu quel rôle doit jouer dans la Société, le Vice-Président-Général qu'on élira au mois de Janvier prochain, pour représenter en France la personne du Docteur Mesmer. Croiriez-vous que c'est pour arriver à ce poste magnifique que l'homme à physionomie malheureuse dont je vous ai tant parlé, a ourdi toutes les trames que vous connoissez maintenant. Il a dit : « Il faut que le » monde parle de moi »; & il a imaginé sérieusement que, s'il pouvoit représenter le Docteur Mesmer en France, le monde alloit parler de lui, & il s'est péniblement occupé pendant près d'une année, à combiner de petits complots pour parvenir à cette repréſentation extravagante. Si vous avez lu Triſtram Shandi, vous-vous rappellez ſûrement l'oncle Tobie & le Caporal, conſtruiſant des places de guerre avec des planches & du carton, aſſiégeants enſuite pendant des ſemaines entières ces places de leur invention, avec de petits canons de bois & de la fumée de tabac, & puis ſe réjouiſſant comme d'un vrai ſuccès militaire, lorſqu'ils avoient fait arriver le moment de la capitulation. J'ai vu de même l'homme à phyſionomie malheureuſe aſſiéger opiniâtrément ſon château de cartes, ou, parlant ſans figure, tracer pendant des mois entiers, avec une perſévérance incroyable, des lignes tortueuſes pour arriver à cette Vice-Préſidence ridicule qu'il a imaginée, & dont il voudroit bien s'emparer aujourd'hui. Mais l'oncle Tobie & le Caporal étoient les meilleurs gens du monde, & ne diſoient point d'injures aux Paſſans qui les regardoient faire; & l'homme à phyſionomie malheureuſe & ſes caporaux, nous ont inſultés, calomniés, nous qui aimons que les enfans, & même les vilains enfans, s'amuſent, nous qui paſſions à côté de leurs parallèles, ſans trop ſonger à eux, à leur château, à leur ſiége, nous qui cheminions ſans deſſein, cueillant çà & là quelques fleurs écloſes ſur notre route, & nous entretenant tout bas des ſottiſes humaines.

P. S. J'apprends, dans ce moment, que le Docteur Meſmer eſt de retour d'Angleterre, & qu'il eſt très-affligé des démarches dans leſquelles on l'a entraîné depuis deux mois contre les hommes qu'il devoit eſtimer le plus. Dans ce cas, il faut plaindre le Docteur Meſmer; & perſonne ne le plaint plus que moi; mais qu'elle idée ſe formera-t-on des hommes odieux qui ont compromis ſa réputation au point où elle l'eſt aujourd'hui?

FIN.

Contraste insuffisant

NF Z 43-120-14

www.ingramcontent.com/pod-product-compliance
Lightning Source LLC
Chambersburg PA
CBHW060608050426
42451CB00011B/2142